LOI

DU 23 JANVIER 1873

SUR

L'IVRESSE PUBLIQUE

Annotée et commentée.

PARIS	LIMÒGES
11, *place St-André-des-Arts*	18, *rue Manigne*, 18

IMPRIMERIE ET LIBRAIRIE MILITAIRES

HENRI CHARLES-LAVAUZELLE

LOI

Du 28 janvier 1873

SUR

L'IVRESSE PUBLIQUE

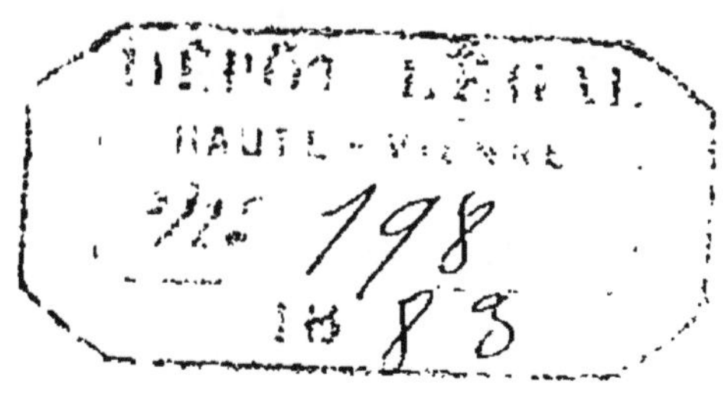

LOI

DU 23 JANVIER 1873

SUR

L'IVRESSE PUBLIQUE

Annotée et commentée.

PARIS ET LIMOGES

IMPRIMERIE, LIBRAIRIE, PAPETERIE

Henri CHARLES-LAVAUZELLE

Libraire-Editeur.

LOI

DU 23 JANVIER 1873

SUR

L'IVRESSE PUBLIQUE

De la loi sur l'ivresse.

Aucune mesure ayant pour but de réprimer l'ivrognerie n'avait été édictée par la législation française jusqu'en 1873 ; mais, le 23 janvier de cette année, l'Assemblée nationale vota une loi tendant à réprimer l'ivresse publique et à combattre les progrès de l'alcoolisme.

Dans la discussion des considérations qu'on opposa à la création de cette loi, on contestait surtout au législateur le droit d'atteindre un acte qui, en soi, ne nuit qu'à l'individu, et on demandait ensuite de quelle manière, dans la pratique, on pourrait constater et apprécier les différents degrés de l'ivresse (1). Quoi qu'il en soit,

---

(1) L'ivresse manifeste est un fait matériel qui se produit à tous les yeux et qui peut être constaté à l'aide du témoignage des sens. Dans un procès-verbal dressé par la gendarmerie, constatant l'état d'ivresse manifeste d'un individu, il n'est donc pas nécessaire de

dans l'intérêt de la morale et des mœurs, l'Assemblée nationale a reconnu que, dans l'espèce, une loi pénale était légitime et nécessaire pour mettre un frein à ce vice dégradant qui n'était alors que beaucoup trop répandu en France.

Loi sur l'ivresse publique. — Ses dispositions; son application.

Loi du 23 janvier 1873, tendant à réprimer l'ivresse publique et à combattre les progrès de l'alcoolisme.

Art. 1er. Seront punis d'une amende de 1 à 5 francs inclusivement ceux qui seront trouvés en état d'ivresse manifeste dans les rues, chemins, places, cafés, cabarets ou autres lieux publics.

Les art. 474 et 483 du Code pénal seront applicables à la contravention indiquée au paragraphe précédent (1).

---

relater les circonstances qui justifient l'affirmation de l'ivresse, et le juge de paix qui relaxe un contrevenant par le motif que les gendarmes se sont bornés à la simple affirmation de l'ivresse, sans faire mention des faits particuliers de nature à caractériser cet état, viole la foi due au procès-verbal, en même temps qu'il viole la disposition de l'art. 154 du Code d'instruction criminelle, en refusant de tenir compte d'un fait régulièrement constaté et qu'aucune preuve contraire ne détruisait. (Arrêt de la cour de cassation du 12 mars 1875.)

(1) Art. 474 du Code pénal : « La peine d'emprisonnement contre toutes les personnes mentionnées en

Art. 2. En cas de nouvelle récidive, conformément à l'art. 483 (1), dans les 12 mois qui auront suivi la dernière condamnation (2), l'inculpé

» l'art. 471 aura toujours lieu, en cas de récidive, pen
» dant 3 jours au plus. »

Art. 483 du Code pénal : « Il y a récidive dans tous
» les cas prévus par le livre IV du Code pénal, lors
» qu'il a été rendu contre le contrevenant, dans les 12
» mois précédents, un premier jugement pour contra
» vention de police commise dans le ressort du même
» tribunal. »

Ainsi, d'après l'art. 1er de cette loi, la première faute pour ivresse et la deuxième faute (première récidive), n'étant passibles que de peines de simple police, sont des contraventions qui sont punies d'une amende de 1 à 5 francs pour la première faute, et d'une amende de 1 à 5 francs et de 3 jours de prison au plus pour la deuxième faute commise dans le même canton.

La contravention prévue et réprimée par l'art. 1er de la loi du 23 janvier 1873 n'existe que lorsque l'inculpé a été trouvé en état d'ivresse manifeste dans un endroit public. (Arrêt de la cour de cassation du 11 juin 1874.)

(1) Voir cet art. 483 reproduit en annotation ci-dessus.

Il résulte de cet art. 2 que la troisième faute pour ivresse (deuxième récidive), et la quatrième faute (troisième récidive), étant passibles de peines correctionnelles, sont des délits qui sont punissables de 6 jours à un mois de prison avec une amende de 16 à 300 francs pour la troisième faute, et de 1 à 2 mois de prison avec une amende de 300 à 600 francs pour la quatrième faute commise dans le délai d'un an depuis la dernière condamnation en police correctionnelle.

(2) L'inculpé qui, dans les 12 mois qui suivent la deuxième condamnation, commet une contravention dans le ressort d'un autre tribunal, n'est pas dans le

sera traduit devant le tribunal de police correctionnelle et puni d'un emprisonnement de 6 jours à un mois et d'une amende de 16 à 300 francs.

Quiconque, ayant été condamné en police correctionnelle pour ivresse depuis moins d'un an, se sera de nouveau rendu coupable du même délit, sera condamné au maximum des peines indiquées au paragraphe précédent, lesquelles pourront être élevées jusqu'au double (1).

Art. 3. Toute personne qui aura été condamnée deux fois en police correctionnelle pour ivresse manifeste, conformément à l'article précédent, sera déclarée par le second jugement incapable d'exercer les droits suivants : 1º de vote et d'élection; 2º d'éligibilité; 3º d'être appelée ou nommée aux fonctions de juré ou autres fonctions publiques, ou aux emplois de l'administration, ou d'exercer ces fonctions ou emplois; 4º de port d'armes pendant deux ans à partir du jour où la condamnation sera devenue irrévocable.

Art. 4. Seront punis d'une amende de 1 à 5 francs inclusivement, les cafetiers, cabaretiers et autres débitants qui auront donné à boire à des gens manifestement ivres, ou qui les auront reçus dans leurs établissements, ou auront servi des liqueurs alcooliques à des mineurs âgés de moins de 16 ans accomplis.

---

cas de récidive prévu par cet art. 2. (Arrêt de la cour de cassation en date du 22 novembre 1879).

(1) Une circulaire du garde des sceaux, en date du 23 février 1874, pose en principe que, pour être réprimée, la troisième récidive n'a pas besoin d'avoir été commise dans le ressort du tribunal correctionnel qui a statué sur la précédente.

Toutefois, dans le cas où le débitant sera prévenu d'avoir servi des liqueurs alcooliques à un mineur âgé de moins de 16 ans accomplis, il pourra prouver qu'il a été induit en erreur sur l'âge du mineur; s'il fait cette preuve, aucune peine ne lui sera applicable de ce chef.

Les articles 474 et 483 du Code pénal sont applicables aux contraventions indiquées aux paragraphes précédents (1).

Art. 5. Seront punis d'un emprisonnement de 6 jours à 1 mois et d'une amende de 16 à 300 fr., les cafetiers, cabaretiers et autres débitants qui, dans les 12 mois qui auront suivi la deuxième condamnation prononcée en vertu de l'article précédent, auront commis un des faits prévus audit article.

Quiconque, ayant été condamné en police correctionnelle pour l'un ou l'autre des mêmes faits, depuis moins d'un an, se rendra de nouveau coupable de l'un ou l'autre de ces faits, sera condamné au maximum des peines indiquées au paragraphe précédent, lesquelles pourront être portées jusqu'au double.

Art. 6. Toute personne qui aura subi deux condamnations en police correctionnelle pour l'un ou l'autre des délits prévus en l'article précédent, pourra être déclarée par le second jugement

---

(1) Voir le texte de ces articles reproduits en annotation à la suite de l'art. 1er.

Il n'y a qu'une seule contravention pour avoir donné à boire à plusieurs mineurs, mais il y a autant de contraventions que d'individus pour avoir donné à boire jusqu'à l'ivresse à plusieurs mineurs. (Arrêt de la cour de cassation du 27 janvier 1877).

incapable d'exercer tout ou partie des droits indiqués en l'art. 4.

Dans le même cas, le tribunal pourra ordonner la fermeture de l'établissement pour un temps qui ne saurait excéder un mois, sous les peines portées par l'art. 3 du décret du 29 décembre 1851 (1). Il pourra aussi, sous les mêmes peines, interdire seulement au débitant la faculté de livrer des boissons à consommer sur place.

Art. 7. Sera puni d'un emprisonnement de 6 jours à 1 mois et d'une amende de 16 à 300 francs quiconque aura fait boire jusqu'à l'ivresse un mineur âgé de moins de 16 ans accomplis.

Sera puni des peines portées aux art. 5 et 6 tout cafetier, cabaretier ou autre débitant de boissons qui, ayant subi une condamnation en vertu du paragraphe précédent, se sera de nouveau rendu coupable soit du même fait, soit de l'un ou de l'autre des faits prévus en l'art. 4, 1°, dans le délai indiqué en l'art. 5, 2°.

Art. 8. Le tribunal correctionnel, dans les cas prévus par la présente loi, pourra ordonner que son jugement soit affiché à tel nombre d'exemplaires et en tel lieu qu'il indiquera.

Art. 9. L'article 463 du Code pénal (2) sera applicable aux peines d'emprisonnement et d'amende portées par la présente loi. L'article 59 du

---

(1) Le décret du 29 décembre 1851 est abrogé par l'art. 1er de la loi du 27 juillet 1880, sur la police des cabarets.

(2) « Dans tous les cas où la peine de l'emprisonne-
» ment et celle de l'amende sont prononcées par le Code
» pénal, si les circonstances paraissent atténuantes, les

même Code (1) ne sera pas applicable aux délits prévus par la présente loi.

Art. 10. Les procès-verbaux constatant les infractions prévues dans les articles précédents seront transmis au procureur de la République dans les trois jours au plus tard, y compris celui où aura été reconnu le fait sur lequel ils sont dressés (2).

Art. 11. Toute personne trouvée en état d'ivresse dans les rues, chemins, places, cafés, cabarets ou autres lieux publics, pourra être, par mesure de police, conduite à ses frais au poste le plus voi-

---

» tribunaux correctionnels sont autorisés , même en » cas de récidive, à réduire l'emprisonnement même » au-dessous de 6 jours et l'amende même au-dessous » de 16 fr. ; ils pourront aussi prononcer séparément » l'une ou l'autre de ces peines, et même substituer » l'amende à l'emprisonnement, sans qu'en aucun cas » elle puisse être au-dessous des peines de simple » police. »

(1) « Les complices d'un crime ou d'un délit seront » punis de la même peine que les auteurs mêmes de » ce crime ou de ce délit, sauf les cas où la loi en aura » disposé autrement. »

(2) Pour les infractions énumérées aux articles 1er et 12 de la loi du 23 janvier 1873, les procès-verbaux doivent être remis à la personne remplissant les fonctions de ministère public près le tribunal de simple police du canton, parce que ces infractions sont de la compétence du juge de paix ; mais, pour les faits prévus par l'article 2 de ladite loi, et qui sont alors de la compétence du tribunal correctionnel, les procès-verbaux doivent être transmis au procureur de la République.

Dans l'un et l'autre cas, ils doivent être visés pour timbre et enregistrés en débet.

sin, pour y être retenue jusqu'à ce qu'elle ait re-
couvré sa raison (1).

Art. 12. Le texte de la présente loi sera affiché
à la porte de toutes les mairies et dans la salle
principale de tous cabarets, cafés et autres débits
de boissons. Un exemplaire en sera adressé à cet
effet à tous les maires et à tous les cabaretiers,
cafetiers et autres débitants de boissons. Toute personne qui aura détruit ou lacéré le texte affiché
sera condamnée à une amende de 1 à 5 francs
et aux frais du rétablissement de l'affiche. Sera
puni de même tout cabaretier, cafetier ou débitant
chez lequel ledit texte ne sera pas trouvé affiché.

Art. 13. Les gardes champêtres sont chargés de
rechercher, concurremment avec les autres officiers
de police judiciaire, chacun sur le territoire sur
lequel il est assermenté, les infractions à la présente loi. Ils dressent des procès-verbaux pour
constater ces contraventions.

---

(1) Les individus trouvés ivres sur la voie publique
par la gendarmerie ne sont déposés dans la chambre
de sûreté de la caserne que s'ils ont donné lieu à procès-verbal et si leur translation devant le procureur de
la République doit s'effectuer dans le plus bref délai
possible. Dans le cas contraire, et lors même qu'il con-
viendrait, dans l'intérêt de la sécurité des délinquants,
de ne pas les laisser en liberté, c'est à l'autorité locale
qu'il appartiendrait de les mettre en lieu sur.

Dans les communes où il n'y a pas de brigade de
gendarmerie, l'autorité locale est bien obligée de prendre
seule toutes les mesures qu'exige la sécurité des individus trouvés ivres sur la voie publique. (Lettre du
ministre de la Guerre du 3 juillet 1879.)

Des peines encourues dans l'armée par les militaires trouvés en état d'ivresse.

L'habitude de s'enivrer, quand bien même elle n'est pas accompagnée de circonstances aggravantes, suffit pour motiver l'exclusion du corps de la gendarmerie ; en conséquence, cette exclusion peut être prononcée contre tout sous-officier, brigadier et gendarme qui, en peu d'années, a subi trois punitions pour cause d'ivrognerie. (Art. 564 du décret du 1er mars 1854.)

L'ivresse, lors même qu'elle ne trouble point l'ordre public ou militaire, est réputée faute contre la discipline.

Les fautes de cette nature deviennent plus graves quand elles se réitèrent, et surtout quand elles ont lieu pendant la durée du service, ou lorsqu'il s'y joint quelque circonstance qui peut porter atteinte à l'honneur ou entraîner du désordre. (Art. 570 du décret du 1er mars 1854.)

Des militaires en état d'ivresse.

Quand un gendarme est en état d'ivresse, le chef de brigade le fait coucher ; s'il trouble l'ordre, il charge les autres gendarmes de s'en rendre maîtres, et, au besoin, de le conduire à la salle de police. On doit écarter d'un homme ivre l'action immédiate du chef.

La punition encourue par un homme ivre ne doit lui être notifiée qu'après que l'état d'ivresse a totalement cessé. (Art. 149 du réglement du 9 avril 1858.) Tout supérieur qui rencontre un inférieur pris de vin ou troublant la tranquillité publique, ou dans une tenue indécente, doit employer son influence et même son autorité pour le faire rentrer dans l'ordre, à quelque corps ou à quelque arme qu'il appartienne. Toutefois il doit, autant que possible, éviter de se commettre avec lui, particulièrement lorsque l'inférieur est en état d'ivresse ; il cherche à le faire arrêter par ses camarades, et, au besoin, par la garde.

L'ivresse ne pourra, en aucun cas, être invoquée comme une circonstance atténuante (art. 265 infanterie et 328 cavalerie du réglement du 2 novembre 1833, sur le service intérieur des troupes, modifié par le décret du 10 août 1872.)

Le ministre a décidé, le 10 août 1872, que le paragraphe ci-après :

« L'ivresse ne pourra, en aucun cas, être » invoquée comme circonstance atténuante , » serait inscrit sur le livret des hommes de troupe, après les paragraphes réunis sous le titre : « marques extérieures de respect, » et avant la nomenclature des crimes et délits militaires, et des peines y attachées. (Décision ministérielle du 10 août 1872.)

Application à l'armée de la loi du 23 janvier 1873, tendant à réprimer l'ivresse publique.

Le ministre de la Guerre, consulté sur la question de savoir si la loi du 23 janvier 1873, tendant à réprimer l'ivresse, était applicable à l'armée, a répondu, par une circulaire datée du 6 mai 1873, qu'en droit, la solution affirmative n'est pas douteuse, attendu qu'aux termes de l'art. 271 du Code de justice militaire, les contraventions de police commises par les militaires, tout en étant laissées à la répression de l'autorité militaire, peuvent être déférées par elle au conseil de guerre, et que, d'après l'art. 267 du même Code, les tribunaux militaires appliquent les peines portées par les lois pénales ordinaires à tous les délits prévus par le susdit Code.

Il importe en outre, dit cette circulaire, de poursuivre énergiquement dans l'armée le vice dégradant de l'ivresse, et le mode de répression judiciaire offre un moyen d'action bien plus efficace que les punitions disciplinaires.

Mais, pour que l'application de cette loi soit faite d'une manière uniforme, il a paru nécessaire au ministre de fixer la marche à suivre en cette matière.

Les punitions disciplinaires n'entraînent en aucun cas de conséquence judiciaire, et tout jugement prononcé contre un militaire, pour ivresse, constitue, au contraire, le point de départ pour la récidive, c'est-à-dire pour l'exécution complète de la loi sur l'ivresse. Cette loi, dans ses art. 1 et 2, qui seuls peuvent concerner les hommes appartenant à l'armée, détermine ainsi qu'il suit le mode de répression des fautes d'ivresse :

CONTRAVENTIONS. — (*Tribunal de simple police*).

1re faute d'ivresse. — Amende de 1 à 5 francs.

2º faute 1ʳᵉ (récidive),
(dans le délai de 12 mois
après la 1ʳᵉ condamna-
tion).

Amende de 1 à 15 francs (1).

DÉLITS. — (*Tribunal correctionnel*).

3ᵉ faute (2º récidive),
(dans le délai de 12 mois
après la 3ᵉ condamna-
tion).

6 jours à 1 mois de prison avec amende de 16 à 300 francs.

4ᵉ faute (3ᵉ récidive),
(dans le délai de 12 mois
après la 3ᵉ condamna-
tion).

1 mois de prison avec 300 fr. d'amende, ces peines pouvant être portées au double.

L'art. 1ᵉʳ n'édicte pour la première contra-vention et pour la deuxième faute, qui constitue la première récidive, qu'une amende de 1 à 5 fr, ; mais, dans ces deux cas, l'art. 195 du Code de justice militaire permet d'atteindre très efficace-ment les délinquants, attendu que cet article donne aux tribunaux militaires la faculté de remplacer ladite peine d'amende par un emprisonnement de 6 jours à 6 mois ; seulement, l'emprisonnement prononcé dans ces conditions contre le condamné ne devra jamais excéder la durée d'un mois, maxi-

---

(1) Ici, il nous parait que la circulaire fait erreur, attendu que la loi du 23 janvier 1873, art. 1ᵉʳ, fait application, en cas de récidive, de l'art. 474 du Code pénal. (Voir cet art. 1ᵉʳ annoté).

En conséquense, pour la 2ᵉ faute (1ʳᵉ récidive), la peine infligée doit être d'une amende de 1 à 5 francs et de trois jours de prison au plus.

mum fixé par l'art. 2 de la loi du 23 janvier 1873, en punition de la 3e faute.

Pour cette 3e faute, qui constitue la 2e récidive et qui entraîne l'envoi des civils devant un tribunal correctionnel, les militaires seront encore susceptibles, en vertu du même principe, d'être déférés aux conseils de guerre, qui pourraient alors prononcer un emprisonnement de 6 jours à 1 mois, en aggravant cette peine par la substitution de la prison à l'amende (laquelle doit toujours être infligée), sans toutefois dépasser 2 mois, pénalité prévue pour la 4e faute et 3e récidive.

Enfin, en ce qui touche cette 4e faute, l'emprisonnement en remplacement de l'amende pourrait aller jusqu'à 6 mois, en vertu de l'art. 195 précité du Code de justice militaire.

Il est évident que les peines d'emprisonnement prononcées par les conseils de guerre pour les premières fautes d'ivresse sont souvent inférieures, comme durée, aux punitions disciplinaires que l'autorité militaire doit infliger, aux termes du décret du 10 août 1872 ; mais il faut considérer que les peines prononcées par jugement sont beaucoup plus sensibles aux militaires qu'une punition disciplinaire, à cause de la solennité de la condamnation, de la conséquence qu'elle entraîne au point de vue de la déduction du temps de service passé en détention par suite de jugement, et de la crainte que doit inspirer une inscription au casier judiciaire, laquelle suit l'homme pendant toute sa vie.

C'est pourquoi on doit user de l'action disciplinaire dans la plupart des cas, et réserver l'action judiciaire soit pour ramener dans la ligne du devoir les militaires rebelles aux punitions disciplinaires, soit pour faire des exemples dans des cas exceptionnels. (Circulaire ministérielle du 6 mai 1873.)

Mise en liberté provisoire des militaires prévenus d'une contravention ou d'un délit pour ivresse.

Le ministre de la Guerre, consulté sur la question de savoir si, par application de l'art. 127 du Code d'instruction criminelle, les militaires traduits en conseil de guerre pour une simple contravention à la loi sur l'ivresse ne devaient pas rester en liberté jusqu'au jour de leur jugement, a arrêté les dispositions suivantes, d'après l'avis exprimé à ce sujet par M. le président du conseil, garde des sceaux :

« Lorsqu'un militaire sera arrêté en état d'ivresse, qu'il y ait contravention ou délit, il devra être mis en liberté dès que cet état aura cessé, à moins que, en cas de simple contravention, l'autorité militaire ne réprime le fait sans désemparer et par voie hiérarchique. Si la comparution devant le conseil de guerre est jugée utile, ou si elle doit nécessairement avoir lieu, le rapporteur, tout en s'abstenant de décerner mandat, procédera en la forme ordinaire et de la même manière que si un mandat avait été délivré. »

Ces dispositions sont applicables à tous les cas de contraventions entraînant une amende. (Circulaire ministérielle du 22 mai 1878.)

TABLE DES MATIÈRES

Paris et Limoges, imp. Henri CHARLES-LAVAUZELLE,
Libraire-Éditeur.

www.ingramcontent.com/pod-product-compliance
Ingram Content Group UK Ltd.
Pitfield, Milton Keynes, MK11 3LW, UK
UKHW021717090726
13657UKWH00005B/2303